ACTION ou VÉRITÉ

Avec ce livre, vous allez apprendre à mieux vous connaître, mais aussi découvrir des nouvelles idées et positions.

La température va forcément monter au cours du jeu. Peu importe vos choix, vous allez vous lâcher.

© 2018, Eka's production
Édition : BoD – Books on Demand, 12/14 rond-point des Champs-Élysées, 75008 Paris
Livre réservé pour les adultes
Impression : BoD – Books on Demand, Norderstedt, Allemagne
ISBN : 978-2-3222-7310-2
Dépôt légal : 12/20

Règles du jeu

Chaque page comporte 1 action et une vérité. Le joueur qui possède le livre pose la question action ou vérité. Une fois le défi complété, c'est à l'autre joueur.

 l'aléatoire

Dans ce mode de jeu, le joueur qui a le livre l'ouvre à une page aléatoire et pose la question :
Action ou vérité ?
Vous avez le droit à 1 joker, celui-ci vous permet de ne pas réaliser un défi.
Vous n'avez pas le droit de prendre deux fois la question vérité.

 le dé magique

Dans ce mode de jeu, un joueur lance le dé. Si le résultat est pair, il réalise le défi. Si le résultat est impair, c'est l'autre joueur qui devra réaliser le défi Action ou vérité ?
Dans cette version vous pouvez faire les défis les uns après les autres, ou ouvrir le livre aléatoirement.
Vous n'avez pas le droit de prendre deux fois la question vérité.

Le HARD

Dans ce mode de jeu vous devez réalisez les deux parties du défi Action ou vérité ?
Vous devez ici ouvrir le livre aléatoirement, mais n'hésitez pas à l'ouvrir vers la fin ☺.

 Le SOFT

Dans ce mode de jeu vous ouvrez le livre page après page. Vous avez toujours le choix entre actions ou vérité.
Vous possédez 3 jokers dans cette version.

Merci de nous avoir fait confiance. N'hésitez pas à nous laisser votre avis. Cela nous encourage énormément.

Vous pouvez aussi visiter notre page auteur pour découvrir d'autres livres amusants.

Défi 1

ACTION

Donne un bisou à ta moitié.

VÉRITÉ

Quelle est ta pire honte ?

 # Défi 2

ACTION

Laisser votre partenaire vous maquiller

VÉRITÉ

Quel est le pire cadeau qu'on t'a offert ?

 # Défi 3

ACTION

Faites-vous masser par votre partenaire pendant 5 minutes

VÉRITÉ

Pensez-vous terminer cette soirée avec du sexe?

Défi 4

ACTION

Léchez la joue de votre partenaire

VÉRITÉ

Préférez-vous que votre partenaire se taise ou aimez-vous les gémissements ?

Défi 5

ACTION

Massez les pieds de votre partenaire.

VÉRITÉ

À quel animal me comparerais-tu dans le lit ?

Défi 6

ACTION

Pincez les fesses de votre partenaire.

VÉRITÉ

Êtes-vous plutôt un dominant ou un soumis ?

Défi 7

ACTION

Suce mon doigt et prétends que tu me fais une fellation.

VÉRITÉ

Combien de fois as-tu été amoureux(se) ?

Défi 8

ACTION

Écris un SMS coquin à un de tes contacts.

VÉRITÉ

Quelle est votre star du porno préférée?

Défi 9

ACTION

Ferme les yeux et embrasse la partie de mon corps que je mets devant tes lèvres

VÉRITÉ

Quelle est la partie la plus sexy de mon corps ?

Défi 10

ACTION

Laisse-moi lécher tes lèvres, sans que tu puisses m'embrasser ou répondre.

VÉRITÉ

Que pensez-vous du sexe en voiture ?

Défi 11

ACTION

Va dans la salle de bain, prends un selfie coquin et envoie le moi.

VÉRITÉ

As-tu menti ce soir ?

Défi 12

ACTION

Chuchote quelque chose dans mon oreille pour m'exciter.

VÉRITÉ

Quel est le plus grand rêve que tu as, mais que tu as honte d'avouer

Défi 13

ACTION

Essaye de me déshabiller en 30 secondes avec une seule main.

VÉRITÉ

Combien de petits amis (ou petites amies) avez-vous eu ?

Défi 14

ACTION

Enfile l'un de mes sous-vêtements.

VÉRITÉ

Quand était la dernière fois que vous avez eu des rapports sexuels?

Défi 15

ACTION

Avoir un faux orgasme (avec des expressions faciales et des sons).

VÉRITÉ

Décrivez une scène de sexe d'un livre ou d'un film qui vous a vraiment excité.

Défi 16

ACTION

Utilise un sextoy sur moi (15 secondes).

VÉRITÉ

As-tu déjà pensé à tromper un petit copain/petite copine ?

Défi 17

ACTION

Faites votre meilleure danse séduisante

VÉRITÉ

Quelle est ta position sexuelle préférée ?

Défi 18

ACTION

Touchez doucement le corps de votre partenaire.

VÉRITÉ

As-tu déjà eu des relations sexuelles avec un inconnu/e ?

Défi 19

ACTION

Pole dance pendant 1 minute avec un pôle imaginaire.

VÉRITÉ

As-tu déjà été surpris pendant des relations sexuelles ?

Défi 20

ACTION

Enlève ton haut pour le reste du jeu

VÉRITÉ

T'as déjà fait un trio ?

Défi 21

ACTION

Enlève ton bas (pantalon, jupe...) pour le reste de la partie.

VÉRITÉ

Quelle a été ta pire expérience sexuelle ?

Défi 22

ACTION

Donnez la fessée à votre partenaire.

VÉRITÉ

T'as déjà eu une panne ?

Défi 23

ACTION

Montre moi la photo la plus sexy que tu as sur ton téléphone.

VÉRITÉ

Préférez-vous sortir avec quelqu'un de plus jeune ou plus âgé que vous ?

Défi 24

ACTION

Met de la pâte à tartiner sur une partie de ton corps que tu veux que je lèche

VÉRITÉ

Le plus important, c'est le sexe ou l'amour ?

Défi 25

ACTION

Met de la pâte à tartiner sur une partie de ton corps que tu veux que je lèche

VÉRITÉ

Jusqu'à présent, combien de partenaires sexuels avez-vous eu ?

Défi 26

ACTION

Montrez-moi un mouvement sur moi que vous avez vu et aimé en regardant du porno.

VÉRITÉ

Qu'est-ce qui vous met d'humeur pour le sexe? Bougies? la musique? Costumes ?

Défi 27

ACTION

Achète un sex-toy que tu penses que je vais aimer.

VÉRITÉ

À quel âge t'as fait ta première fois ?

Défi 28

ACTION

Montre moi un film porno que tu voudrais qu'on fasse.

VÉRITÉ

Avez-vous déjà été surpris en train de vous masturber ? Si oui, que s'est-il passé ?

Défi 31

ACTION

Drague-moi comme si on ne se connaissait pas.

VÉRITÉ

Quand nous sommes séparés, à quelle fréquence pensez-vous au sexe ?

Défi 32

ACTION

Tu dois te masturber devant moi.

VÉRITÉ

Te considères-tu comme un bon coup ?

Défi 33

ACTION

Frottez les jambes de votre partenaire avec les vôtres.

VÉRITÉ

Sucer, c'est tromper ?

Défi 34

ACTION

Portez tous vos vêtements à l'envers.

VÉRITÉ

Combien d'aventures d'un soir t'as déjà eu ?

Défi 35

ACTION

Prends quelque chose du frigo et mange-le de manière sexy.

VÉRITÉ

Quand était la dernière fois que vous avez eu des rapports sexuels?

Défi 36

ACTION

Essaye de m'exciter, mais tu ne peux toucher que mes bras et mes mains.

VÉRITÉ

T'as un fétiche ? si oui, lequel ?

Défi 37

ACTION

Faisons un 69 jusqu'à l'orgasme.

VÉRITÉ

Si tu devais te faire tatouer sur le pubis, tu ferais quoi ?

Défi 38

ACTION

Regardons ensemble un film X

VÉRITÉ

Quel est votre type de porno préféré ?

Défi 39

ACTION

Tu dois écrire l'alphabet avec ta langue sur une certaine partie de mon corps...

VÉRITÉ

T'as déjà couché avec un(e) ami(e) ?

Défi 40

ACTION

Fais un strip-tease.

VÉRITÉ

T'as déjà fait du sexe via webcam avec un inconnu ?

Défi 41

ACTION

Fais un massage

VÉRITÉ

Préférez-vous avoir des relations sexuelles dans une piscine, ou dans la douche.

Défi 42

ACTION

Enlève mes sous-vêtements sans tes mains.

VÉRITÉ

Tu préfères les pénis circoncit ou non ?

Défi 43

ACTION

Lèche mes seins/tétons.

VÉRITÉ

T'as déjà eu une maladie sexuellement transmissible ?

Défi 44

ACTION

Essaye de donner un orgasme à ton/ta partenaire en moins de 5 minutes.

VÉRITÉ

Tu cries quand tu jouis ?

Défi 45

ACTION

Met un bandeau sur tes yeux et laisse ton/ta partenaire te faire ce qu'il/elle veut

VÉRITÉ

Tu as déjà simulé un orgasme ?

Défi 46

ACTION

Filmez-vous pendant que vous faites l'amour.

VÉRITÉ

Quel est ton fantasme sexuel ?

Défi 47

ACTION

Mets de la chantilly sur le corps de ton/ta partenaire et lèche le/la

VÉRITÉ

Tu es plutôt fesses ou seins ?

Défi 48

ACTION

Devine la couleur des sous-vêtements de ton/ta partenaire. Si tu trouves, tu as droit à une fellation/cunnilingus

VÉRITÉ

Tu t'es déjà masturbé dans un endroit public ?

Défi 49

ACTION

Fais un suçon à ton/ta partenaire.

VÉRITÉ

T'as déjà fantasmé sur quelqu'un de ta famille ?

Défi 50

ACTION

Utilise un sextoy pour faire gémir ton/ta partenaire.

VÉRITÉ

Y a des trucs bizarres qui t'excitent ?

Défi 51

ACTION

Versez du vin ou du champagne sur la poitrine de votre partenaire et léchez-le lentement.

VÉRITÉ

Aimez-vous les strip-teases masculins ? En avez-vous déjà vu un auparavant ?

Défi 52

ACTION

Tu dois mettre des menottes pour la soirée.

VÉRITÉ

Quelqu'un t'a déjà surpris en train de faire des trucs ?

Défi 53

ACTION

Mettez de la crème fouettée sur le corps de votre partenaire et léchez-la.

VÉRITÉ

Quelle est la chose que vous ne voulez jamais essayer au lit ?

Défi 54

ACTION

Fais une sexe-tape.

VÉRITÉ

Tu as déjà contracté les services d'un(e) escorte ?

Défi 55

ACTION

Sors dans la rue sans rien sous ton manteau.

VÉRITÉ

Te rappelles-tu de ton meilleur orgasme ? Raconte moi !

Défi 56

ACTION

Tu dois me faire un massage avec de l'huile.

VÉRITÉ

Quel était le jeu de rôle sexuel le plus bizarre dont tu faisais partie ?

Défi 57

ACTION

Regarde ton partenaire dans les yeux. Celui qui perd reçoit une fessée.

VÉRITÉ

As-tu déjà fait du naturisme ?

Défi 58

ACTION

Obéis aux ordres de ton partenaire pendant 30 secondes.

VÉRITÉ

As-tu déjà fantasmé sur un professeur ?

Défi 59

ACTION

Caresse les cheveux de ton partenaire.

VÉRITÉ

As-tu déjà fait l'amour avec une personne de même sexe que toi ?

Défi 60

ACTION

Crie "j'aime le cul"

VÉRITÉ

Tu dois dire honnêtement ce que tu penses de ta moitié.

Défi 61

ACTION

Choisi un vêtement que doit porter ton partenaire.

VÉRITÉ

Pour toi, embrasser, c'est tromper ?

Défi 62

ACTION

Souffle dans le cou de ton partenaire.

VÉRITÉ

Qu'est-ce qui t'excite immédiatement ?

Défi 63

ACTION

C'est ta moitié qui choisit cette action.

VÉRITÉ

Aimes-tu l'échangisme ?

 # Défi 64

ACTION

Tu dois séduire ton partenaire jusqu'à obtenir un bisou.

VÉRITÉ

Dans quelle pièce de la maison, tu préfères faire l'amour?

Défi 65

ACTION

Suce une partie du corps de ton partenaire.

VÉRITÉ

Quelle partie de ton corps préfères-tu ?

Défi 66

ACTION

Tu ne peux plus bouger pendant 2 minutes, Ton/ta partenaire à tous les droits.

VÉRITÉ

As-tu déjà été dans un sexshop ?

Défi 67

ACTION

Lèche l'oreille de ta moitié.

VÉRITÉ

As-tu déjà été excité en public.

Défi 68

ACTION

Retire 2 vêtements.

VÉRITÉ

As-tu déjà appelé un(e) ex lorsque tu étais saoul(e).

Défi 69

ACTION

Pratique la position 69 avec ton/ta partenaire. Dès que quelqu'un fait un bruit vous arrêter

VÉRITÉ

Quel est ton talent au lit ?

Défi 70

ACTION

Masse une partie du corps de ta moitié sans tes mains.

VÉRITÉ

Quelle partie du corps regardes-tu en premier ?

Défi 71

ACTION

Chatouille ton partenaire pour découvrir ses points sensibles.

VÉRITÉ

Regrettes-tu d'avoir couché avec une certaine personne et pourquoi ?

Défi 72

ACTION

Masse les épaules de ta moitié pendant 30 secondes.

VÉRITÉ

Serais-tu prêt à essayer le bdsm ?

Défi 73

ACTION

Embrasse sur la bouche ton/ta partenaire.

VÉRITÉ

Tu dois décrire ton fantasme préféré.

Défi 74

ACTION

Embrasse les chevilles de ton/ta partenaire de manière sexy.

VÉRITÉ

Aimerais-tu essayer les sextoys connectés ?

Défi 75

ACTION

Supplie ton/ta partenaire de te donner une fessée.

VÉRITÉ

Si tu devais choisir, avec quelle célébrité, ferais-tu l'amour ?

Défi 76

ACTION

Ton/ta partenaire peut s'occuper de tes fesses pendant 1 minute.

VÉRITÉ

Aimes-tu le sexe anal ?

Défi 77

ACTION

Ton/ta partenaire insère son index dans ton anus 3 fois.

VÉRITÉ

Combien de personnes différentes as-tu embrassé au cours de ta vie ?

Défi 78

ACTION

Ton/ta partenaire va jouer avec un glaçon sur ton sexe. Mais toi, tu ne bougeras pas.

VÉRITÉ

Quelle est la chose la plus embarrassante qui te soit arrivé pendant un RDV romantique ?

Défi 79

ACTION

Fait un massage avec ta poitrine pendant plusieurs minutes.

VÉRITÉ

Est-ce que tu as déjà été infidèle ?

Défi 80

ACTION

Allonge-toi sur le dos, ton/ta partenaire va te pénétrer.

VÉRITÉ

Quelle est la pire chose que tu aies faite en rompant avec quelqu'un ?

Défi 81

ACTION

Ton/ta partenaire va te sodomiser, mais dans la position de ton choix.

VÉRITÉ

Est-ce que quelqu'un t'a déjà posé un lapin ?

Défi 82

ACTION

Ton/ta partenaire va utiliser un sextoy pour te faire jouir

VÉRITÉ

Est-ce que tu aimes envoyer des photos coquines ?

Défi 83

ACTION

Embrasse ton/ta partenaire pendant qu'il/elle glisse sa main sur ton sexe.

VÉRITÉ

Est-ce que tu sortirais avec une personne qui a plus de 20 ans que toi ?

Défi 84

ACTION

Lèche les lèvres de ton/ta partenaire jusqu'à ce qu'elles soient brillantes.

VÉRITÉ

Est-ce que tu es déjà sorti(e) avec quelqu'un seulement pour son argent ?

Défi 85

ACTION

Pince les tétons de ton/ta partenaire 3 fois.

VÉRITÉ

Est-ce que tu as déjà fait semblant d'aimer quelque chose au lit alors qu'en fait cela te rebute ?

Défi 86

ACTION

Tu vas recevoir 5 coups de fouet ou fessées.

VÉRITÉ

Est-ce que tu as déjà fait semblant d'avoir un orgasme ?

Défi 87

ACTION

Lèche la partie du corps que ton/ta partenaire désigne.

VÉRITÉ

Est-ce que tu tromperais ta moitié avec une personne richissime ?

Défi 88

ACTION

Frotte doucement tes fesses contre le sexe de ton/ta partenaire.

VÉRITÉ

Quelle partie du corps t'excite le plus ?

Défi 89

ACTION

Recouvre les tétons de ton/ta partenaire avec de la chantilly ou autre et nettoie tout.

VÉRITÉ

Est-ce que tu es sérieux(se) à propos de ta moitié actuelle ?

Défi 90

ACTION

Dépose du lubrifiant sur le sexe de ta moitié et masturbe le/la doucement.

VÉRITÉ

Est-ce que tu penses que tes relations amoureuses du passé ont échoué à cause de toi ?

Défi 91

ACTION

Tu dois lécher ton/ta partenaire en partant de ses jambes pour arriver à son sexe.

VÉRITÉ

Quelle est ta position préférée ?

Défi 92

ACTION

Attrape le sexe de ton/ta partenaire et pince-le jusqu'à ce qu'il/elle te demande d'arrêter.

VÉRITÉ

Qu'est-ce qui te rebute d'office quand tu es au lit avec quelqu'un ?

Défi 93

ACTION

Tu te masturbes devant ton/ta partenaire et il/elle va te rejoindre 2 minutes après.

VÉRITÉ

Peux-tu entretenir une relation amoureuse si vous ne faites pas l'amour ?

Défi 94

ACTION

Met les menottes et ton/ta partenaire va te pénétrer de manière brutale.

VÉRITÉ

Est-ce que tu es déjà sorti(e) avec quelqu'un par pitié ?

Défi 95

ACTION

Avec un gode, pénètre ta moitié jusqu'à l'orgasme.

VÉRITÉ

Est-ce que tu as déjà menti à ton ou ta partenaire sur tes intentions afin de l'attirer dans ton lit ?

Défi 96

ACTION

Ton partenaire te masturbe et toi dois tenir le plus longtemps possible avant de jouir.

VÉRITÉ

Quel est le plus gros mensonge que tu aies jamais dit à ta moitié ?

Défi 97

ACTION

En position de levrette ! et ACTION !

VÉRITÉ

Quelle est ta pire expérience au lit ?

Défi 98

ACTION

Tu es allongé et ton partenaire vient s'asseoir sur ton sexe.

VÉRITÉ

Combien de fois par semaine fais-tu l'amour ?

Défi 99

ACTION

En position allongée sur le coté, ton/ta partenaire va te pénétrer

VÉRITÉ

Est-ce que tu préférerais regarder quelqu'un faire l'amour ou être observé(e) pendant que tu fais l'amour ?

Défi 100

ACTION

Les mains sur le mur et laisse toi sodomiser par ton/ta partenaire.

VÉRITÉ

Être en couple pour toi, est-ce que c'est une punition ou une récompense ?